JN418866

흑염소 또는 항아리

문학의전당 신작시집
흑염소 또는 항아리

초판인쇄 2008년 5월 5일
초판발행 2008년 5월 9일

지 은 이 배경숙
펴 낸 이 김충규
펴 낸 곳 문학의전당
출판등록 제387-2003-00048호(2003년 9월 8일)

주 소 152-841 서울특별시 구로구 구로6동 97-1 로얄프라자 206호
전화번호 02-852-1977
팩시밀리 02-852-1978
블 로 그 http://blog.naver.com/mhjd2003
전자우편 mhjd2003@naver.com

I S B N 978-89-91006-88-1 03810

흑염소
또는
항아리

배경숙 시집

문학의전당

自序

그 사이 시간이 흘러 일곱 번째 시집을 낸다.

이번 시집에서는 고향 부산을 향해 많이도 떨렸다.

산수유가 피더니 동백도 목련도, 이제 벚꽃까지 다 꽃을 올렸다.

모두들 자신의 행로를 향해 떨리고 있다.

2008년 4월

배경숙

●●● 차례

1부 쥐와 파랑새와 풍선

고향의 혐의 • 13
흑염소 • 14
옛집 • 15
항아리 • 16
인성문 가는 길 • 17
사월 • 18
열일곱 살 • 19
동해남부선 • 20
그 길에 서면 • 21
은행나무 • 22
누군들 귀향을 꿈꾸지 않으리 • 24
나비의 영혼 • 26
쥐와 파랑새와 풍선 • 28
혼자 • 30
유산 • 31
무자 • 32
괜히 부러운 것들 • 33
치킨에 대한 추억 • 34
어머니의 바다 • 35

추석이면 어머니 솟구친다 • 36
방아꽃 • 37
소 울음 • 38
나는 지금도 그네를 뛴다 • 39
딸에게 • 40

2부 강남이 던져오는 것

강남이 던져오는 것 • 43
화장실, 그 풍경에 동참하다 • 44
배비장 • 45
산서 사람 이영 이야기 • 46
헤르메스의 다리 • 48
손님, 누가 더 억울한가 • 50
별들에게 물어봐 • 51
기침의 도미노 • 52
디지털 이별법 • 53

3부 흘러가는 것이 있어 구멍은 있다

빙점의 눈물 • 57
흘러가는 것이 있어 구멍은 있다 • 58
바닥에 닿아보면 안다 • 60
문배마을 • 62
구곡폭포 • 63
산이 우는 이름 • 64
폭포의 노래 • 65
4월 북한산 • 66
늦가을 • 67
산길을 걷다보면 문득 • 68
도깨비놀음 • 69
지리산 • 70
화산 • 71
함허동천에서 • 72

4부 오래된 우물이 있는 풍경

껍데기의 춤 • 75
오래된 우물이 있는 풍경 • 76
지하철 1호선 • 78
영등포역에서는 • 79
용의 알 • 80
그제야 라면이 • 82
여름 분수 • 84
도깨비불 • 86
허수아비 • 87
다이아몬드를 위한 서사시 • 88
버터플라이 • 90
행복의 징후 • 91
일몰 • 92
사바아사나 • 93

해설 주병율_하늘과 바다를 다하여 사람의 마음을 불러보는 일 • 94

1부

쥐와 파랑새와 풍선

고향의 혐의

내 앞의 당신들은
어제의 흔적을 지우기 위해 너무나도 집요하다
그가 펑크 난 자동차 바퀴를 땜질하러 간 사이
결국 나는 길가의 담벼락에 몸을 기대서고 말았다
아니 머나먼 소문 속으로 잠시 들어왔을 뿐이다
학교가 작아졌어 길도 좁아졌어
탱자나무 울타리도 벚꽃 길도 없어졌어
시멘트 블록과 쓰레기투성이
그렇다 이런 불평불만으로
당신의 경고와 대질하려 한 것은 아니지만
당신을 은닉할 나의 향수
그 화면이 전모를 드러내는 순간
나는 무관한 자 당신을 스쳐온 것뿐이다
깊이라곤 없는 이방인처럼
하지만 우리의 묵계
그 경계를 어떻게 이어 놓았는지 묻고 싶은 것이다
어리석은 습관으로 관찰하지 말 것
당신의 의미심장한 그 어투에도 불구하고

흑염소

허접한 세속에서 찾아야 할 것 잊은 채
쏘다니던 그곳에서 비로소 알아낸 것이
저들이 꾸미는 눈부신 배후
김장거리 뽑고 난 저 경사진 풀밭이었다는
내가 믿어왔던 피안인 줄을 저들은 안중에도 없다
웅크린 햇살에도 귓불이 익어가던 그 겨울 휘파람소리
산허리에 숨어 혼을 빼앗긴 듯 바라보는 지금
문득 돌아갈 길 두려운 그 고갯길도 보인다
역광의 은빛 오후
밤길의 점박이별 같은 풀잎마다 까만 눈동자
틈만 나면 달려가던 푸르디푸른,
빛 속의 푸른 것들

옛집

무엇이든 엿듣는 것이 허락된
그 무엇도 누설하지 않는 노후
그 자체로 가득한 아버지의 지팡이에
검버섯처럼 머물고 있는 옛집
어떻게 비밀의 우물에 분노를 매장하고
거기에서 용기를 끄집어내 왔는지
넝쿨장미 가시가 몸을 세차게 흔들던
화려하고 진한 발버둥의 병통은 얼마나 슬픈 거고
목젖에 걸린 피멍들이 못난 상처를 보이지 않으려고
손톱 밑을 파고들던 숱한 비바람은
어떻게 틈새를 빠져나갔는지
구들장 밑 연탄가스처럼
십수 년에 걸쳐 내장된 웅성거림들이
옆구리를 찌르는 동래 복천동 커다란 집
어둠 속 구석구석 곰팡이를 살찌우던 처마 끝에서
감꽃 향기의 창백한 모습은 이끼처럼 돋아나고
아낌없이 미움도 없이
대추나무 몇 잎이 흔들리는 4월 저녁
발걸음이 미리 알고 멈추는 햇살 쏟아지던 그 뜨락은
밀려드는 물너울에 지금도 젖고 있다

항아리

단단하고 허허로운 저 공간 앞에 서면
가끔은 트일 것 같은 숨도 멎을 것 같았다
치자꽃 숨 막히게 피고 석류가지 휘어지던 우물가 장독대
간장 고추장 막장 멸치젓갈…… 크고 작은 항아리들
그 속에서 할머니는 고름집으로 잡히곤 했다
할머니의 영원한 감옥이며 지존의 세력들
항아리 속에서 곰팡내를 키우고
짠내를 들이키며 서식하는 동안
할머니는 장독간 손질을 멈추지 않았다
언젠가 당신을 남모르게 부를 것 같은
청춘의 영감님을 어루만지듯
그렇게 기다리지 않았다고는 말할 수 없었다
상처나 비명을 통하지 않고서는 닿을 수 없었을까
발걸음소리, 웃음소리조차 밀봉한 할머니 곁에 서면
어머니 입에선 언제나 단내가 일었다
청상의 할머니에겐 천적이던 어머니
어머니의 아픔을 내림으로 받았던 상처를
하얀 수건으로 걸어두는 밤이면
항아리를 향해 돌아앉은 어머니 생살이 타는 듯했다

인성문 가는 길

그 길은 완곡하게 굽어지고
또 구부러져
모롱이를 넘어가는 그 무엇도
기다릴 수 있었다
포플러와 벚나무가 줄을 이어 앞서는
빛이 풍경을 따라 만날 것이었다
나는 늘 그 길로 오르는 꿈을 꾸었다
발아하는 한 세계가 늘 궁금한
저 산 너머와 이곳의 나와
어떤 퇴적의 시간과 무덤들이
어떻게 삶과 죽음의 별자리를 바꾸는지
내가 어른이 되어 돌아오는 길도
방금 지나친 골목길처럼
언제나 그 길이었다
꽃나무가 환해지는 그 순간의 정체를
인생문 그 길로 불러내고 있었다

사월

건너산은 죽은 자들 음기가 모여 사는 동네
무겁고 어두운 잠 속을 빠져나온 음습한 혼들이
대낮에도 무덤 위를 날고 있었다
다리가 시리도록 산야를 헤매며
큰 아이들을 따라다닌 그날
머리에서 발끝까지 참꽃으로 물을 들이고는
밤새 열병을 앓았다
인성문 고개 지나면 마을은 끊기었고
그 고갯길에서 바라보던
황홀턴 빛깔 뒤의 검은 실루엣
이승과 저승이 이웃인 것도
그때 이미 덧없이 질 꽃잎의 속울음으로 피어 있던 걸
꽃은 다시 광기의 숨결로 온 산을 태우고
알 수 없는 이 노릇의 허망이란
이렇게 피 솟는 일
바람 한 점 흘리지 않는 사월
숨 가쁘게 굴곡진 기척으로 휩쓸려가고 있다

열일곱 살

해는 언제나 장대산 옆구리에서 솟아올랐다
산중턱엔 담쟁이 넝쿨의 허물어진 돌담이
가끔은 걸음을 멈추게 했고
실개울을 낀 탱자나무 울타리를 따라
바람이 들락거리면서 계절이 바뀌었다
인성문 고개 너머 대포산까지
한달음에 뛰어오르던 땀 냄새
우물가 풀섶으로 풋감 떨어지던 소리까지
한 순간 잊을만하면 목젖이 아려왔다
산 오르막으로 보리밭이 지천이었고
화사한 봄날, 봄바람이 아니면
아무도 가르쳐 주지 못할 암호처럼
그 애가 보리밭을 누일 때
풀벌레도 아랫도리를 걷고 몸을 던졌다
얼마나 많은 바다를 헤엄쳐 갔는지
뜸부기 먼 데 논에서 마주 울었다
내 낡은 필름 속엔 언제나
느린 화면의 영화처럼 탱자꽃 하얗게 웃고 있다

동해남부선

이제나 그제나 어깨춤의 한량기 잠시 접고 나면
험한 상처 무던히도 눈앞에서 길을 지우고
평생 펴가도 없애지 못하는 해운대 물결
그 물길 얼마를 저어가다 보면
구릿빛 종아리를 쿡쿡 찔러대던 푸르른 광채
금정산을 솟구치던 숨찬 발걸음과
벚꽃들의 꽃비와
끊임없이 바다를 끌어오던 울렁증의 기적소리
어김없이 거기서 기다리는 너를 만난다
슬쩍 샛길로 빠져보고 싶던
철없을 때 저질렀던 빛나는 영혼들로 하여
휘적휘적 날아서 찾아가는 나의 시선은
가볍게 몸을 뒤척일 것이니
이제 첫 사랑의 상처도 꽃으로 피어나고
멀리 달아날수록
집요하게 발목을 적시는 운명의 고향
네게로 향하곤 한다

그 길에 서면

태풍 지나고 장마 속
장대비는 계속 오고 개울은 넘쳐 개흙을 쏟아놓았다
뒤 한번 돌아보지 않는 거친 물살은
흙탕물을 쉼 없이 파헤치며 광포한 물바람을 일으켰고
아무도, 그 무엇으로도 막을 수 없는
냉담한 미끼에 걸린 듯
두려움과 추위를 견딜 수밖에 없는 나는
파르르 떨면서 걷고 또 걸었다
영혼을 위한 몸부림이
은밀히 내장된 빛나는 속을 다 내보인다 해도
길은 줄지 않았다

가끔은 가속도의 바람에 휩쓸려가다
그쯤에서 오기를 접고
내 안의 무엇을 꺼내고 싶을 때가 있다
일몰과 어둠의 언저리를 지날 때면
유년의 그 길 위에 서서
아무것도 간절할 것 없이 땅바닥만 내려다보며
발목이 욱신거리도록 걷기만 할 때가 있다

은행나무

이 세상에서 가장 큰 학교 알고 있니
혹시 그 학교 교문 앞에 마주 서 있던 은행나무 생각나니
은행나무 잎이 흩날리는 그 추억 속에 서 있는 나는
고뇌와 방황이 무언의 빛을 이루며
기억의 알맹이들을 별로 띄울 수 있지요
숨 막히게 따가운 햇살이 한 기운 빠진 오후
배낭에 수건 하나 찔러 넣고 성주산을 넘어 갑니다
어스름이 내릴 무렵 장수동 은행나무 곁에 가 서면
어릴 적 두려움으로 울음이 터질 것 같았던,
저 산 너머에 또 산이 있고
거기에 아기 눈을 쪼아 먹는 독수리가
죽은 아기를 깜깜한 바다로 데려가 죽음의 잔치를 벌인다는
저 아득한 협곡을 지나듯
은행나무 아래서 속살거렸던 전설이
숱한 잎을 뒤척이기 시작합니다
휘어질 듯 큰 숨을 내 쉬는 그대
희미한 흔적을 짚으며 오 그랬구나 알 듯도 하다
묻기도 전에 내 생각을 잘라 벽을 세우지만
아무래도 웃는 모습입니다
아이들이 전설의 꽃으로 물나울을 일으키는

이보다 몇 배 더 큰 뜨락이 내게도 있었다는 것을
미리 짚어 몸을 흔들며
내 시선을 이 세상에서 제일 큰 학교 앞 은행나무로 끌어갑니다

누군들 귀향을 꿈꾸지 않으리

내 유년의 기억 속
중앙동 길모퉁이 빙판길을 거슬러 올라가면
엿을 곧잘 집어주던 아저씨 있다
그날 밤도 엿이 팔리는 기색은 없고
모자도 얼굴도 발도 시퍼러죽죽 꺼멓게 언 채
길모퉁이에서 벌벌 떨며 엿판을 지키던 포로 아저씨
속까지 꺼먼 장승 같았다
누군들 귀향을 꿈꾸지 않으리
아직도 해동되지 못한 아저씨의 영혼은
거제도 포로수용소에서 석방될 때 그대로
달팽이처럼 웅크린 설핏 냉동된 시간일 뿐
판문점 전망대 망원경 속에는
임진강을 건너 개성 평양으로 길을 뻥 뚫어가며
바쁘게 바쁘게 손 흔드는 아저씨
콘지 이마인지 분간이 없던 얼굴엔
새까만 눈망울만 보인다
아껴먹던 하얀 엿도 함께 떠오른다
"통일만 되면 니들도 함경도 내 고향에 가자우
이 추위만 넘기면 내래 니들이랑 고향에 갈기야"
지금 포로 아저씨는

손도 발도 뼈마디까지 시리던 그 겨울밤을 생각하며
새벽 댓바람에 닿을 고향집 방방마다
선걸음에 군불을 지피려는 게 분명하다

나비의 영혼

전쟁이 막바지로 치달을 때쯤
학교는 국군에게 접수되었어
광포한 어둠이 젊디젊은 총구에 매달려도
벚꽃은 영혼이 날아오르듯
현기증에 시달리고 있었어
짝꿍과 나는 별관 창문가에서
운동장을 점령한 병정놀이를 보고 있었어
적어도 봄날의 한때는 그렇게 보였어
'땅' 하는 소리가 귓전을 찢었어
"어머 총소리. 누가 맞았니?"
짝꿍은 모기만 한 소리로
"나야. 내가 맞았어."
무덤이듯 앞줄의 자기 자리로 돌아가 푹 쓰러졌어

"저기 여학생을 맞출 수 있겠니?"
"좋아 내기하자."
특등사수들은 지루한 전쟁의 희열로
또래의 여학생을 그렇게 흠모했는데……

청춘의 청춘이던 그때

어둑신한 봄비 사이로
운동장의 벚꽃은 져 내리고
그 창문가에서
유령처럼 손을 내밀며
앞자리로 이끌던 광채,
삐걱이는 교실 마루를 핏물로 찍으며
나비로 하얗게 날아
나비의 영혼으로 날고 있는
그날의 짝꿍이던 눈이 시린 선생님

쥐와 파랑새와 풍선

경부선 완행열차
서울로 향하는 기적소리가 숨 가쁘게 귀청을 울리고
검은 연기는 멀리, 불온한 방랑벽을 더 멀리로 뿜어대고
차창엔 무작정 떠나온 풍경이 스쳐 지나갔다
그 꼬리에 밟히며 부풀다 내린 곳이 기껏해야 밀양역
그래도 자꾸만 부푸는 것이
기차역을 밝히는 쓸쓸한 불빛이 건들거리고
마을에선 저녁 설거지 소리 들리고
누렁이, 소달구지, 검정고무신의 아이들과
행상 아줌마도 지나가고……
희뿌연 창에서 슬픈 듯 적막이 새어나오는
이미 돌아갈 막차를 보내버린 시각
허름한 여관마당을 차지한 감나무 가지에서
풍선이 된 나는 대롱거렸다
불룩 나온 벽 사이로 옆방과 함께 쓰는 백열등이 켜져 있고
축 늘어진 구멍 숭숭한 모기장 속에서
모기며 날벌레들이 수없이 전신을 물어대던 밤
쥐오줌이 세계지도를 그려놓은 천정에선
쥐들이 밤새 전쟁판을 이루던 역전 그 여관방은
거세게 반발하는 나의 파랑새

흔들리는 가출이 시작된 곳이었다

풍선에 바람이 빠져버리면 그때서야 풍선을 놓아버리는
그립고 외로운 귀환이 시작되는 것임을

혼자

태풍 지나고 난 아침 배루는
입에 거품을 물고 눈은 까뒤집힌 채
사지가 뻣뻣해지며 숨을 거두었네
밤마실을 나갔다가 쥐약을 먹은 거였네
너무 갑자기 떠난 배신감으로
그 후 내 삶 속에서 완벽하게
그 기점에서 개를 떠나보냈네
오늘 우연히 사진 한 장을 앞에 놓고
동심에 묻어버린 배루가
새끼 쳐서 돌아왔다는 착시현상에 걸렸네
기다림이란 바다에 잠기는 동해남부선 꽁무니 같았네
밤 깊도록 혼자 소주잔을 기울이며 이 겨울이 지나면
백여 개 되는 화분을 버리리라 작정하네
끈끈한 집착이 식물에게서도 옮는 독감 같아서
눈시울이 젖었네
진공 속에 내장된 무균질 약속이
또 다른 세상으로 나오는 듯
때마침 너도풍란 한 분이 두 송이 꽃을 올리면서
강아지 눈망울에 비치는
해맑고 뽀얀 빛에 은은한 향기를 섞은 거였네

유산

두꺼운 구들장마다
대못으로 살아나는 스무 살의 외삼촌
깜깜한 무덤의 가슴팍을 헤치는
상사화 꽃무리는 지금도 떨고 있다

갓 여섯 살, 새 할머니 쉰둥이에게
집안 문서 다 넘겨주고
손 아파하던 큰딸에겐
'미안하다' 한 마디
우리 외손에겐 소 몰고 유람하던 통도사 열두 암자
외할아버지, 그 흔적 물려주었다

생의 더께로 허물어진 신평리 차부 앞
우물이 깊던 커다란 그 집은
묵은 시간의 덧난 상처를 건드리지 않겠다는 듯
얼마간을 견디고 나면
새로운 길 하나 만들 것을 알게 될 것이라고
침묵의 길만을 눈앞에 두고 있다
아니 그렇게 믿고 싶다

무자

어느 날부터인가 우리는 어떤 놀이에 열중했다 처음 그녀가 자기의 그곳을 보라고 했을 때 나는 어쩐지 이불을 뒤집어써야 할 것 같았고 심장은 마구 쿵쾅거렸다 그녀의 그곳은 아니 처음으로 가까이서 바라본 여자의 그곳은 분홍빛이 도는 자그마한 둔덕이었다 삶은 달걀처럼 뽀얗고 매끄럽고 부드러운 탄력이 미끄러질 듯 눈부셔서 나는 숨도 크게 쉴 수가 없었다 성냥개비를 집어 도톰한 거기를 꼭꼭 눌러보다가 꽃잎을 열듯 그 속을 살짝 들여다보았다 나는 그녀의 동굴 앞에서 내 몸을 아주 작게 웅크렸고 그 동굴 벽에 무슨 기호인가를 그렸다 어떤 문자였을까 놀이를 할 때의 우리는 어떤 소리도 내는 일 없이 숨소리만으로 조용하게 합일했다 그렇게 우리는 그 놀이에 진지했고 그녀는 늘 우리 집에 왔다 그녀는 2학년 나는 5학년이었다

괜히 부러운 것들

우자 엄마는 과부 서희 엄마는 계모
우자네에는 늘 정수장으로 파견 나온
공군 아저씨들이 와서 살았다
김 일병은 무자와 희자 언니와도 잘 놀아주고
이 하사는 내의 바람으로
우자네 다다미방에 무렴 없이 앉아 있곤 했는데……
어느 날인가 엄마들의 입방아 소리 뒤에서
청상인 할머니는 혀를 차댔다
서희 오빠 철이는 서희와 내가 엄지손톱으로
딱딱거리며 내복 솔기에 박힌 이를 피나게 잡아주었는데
늘 내 동생 문호하고만 놀았다
나는 우자네 남자도 철이 오빠도
왜 나와 동무를 안 하는지
오빠가 없는 나는 그게 맨날 시큰둥했다
우자네가 관사를 비우라는 독촉에
하는 수없이 이사를 가던 날
나는 군인 아저씨도 함께 가는지 그것만 궁금했다

치킨에 대한 추억

나는 서희 오빠가 왜 닭과 친한지
그게 노상 못마땅했다
그럴 때면 뒷마당의 서희네 닭장으로 가서
멍청해 보이는 닭들을 향해 주먹을 쥐었다 폈다 하며
발을 쾅쾅 굴러댔다
그것도 시큰둥해지면 언덕 위의 풀밭으로 달려가
영문 모르는 까만 염소가 뱅뱅 돌도록 심술을 부려댔다
정수장 넓은 뜰에 수도 없이 쌓여있는 커다란 수도관 더미로 올라가
두 팔을 펴고 춤을 추듯이 수도관을 뛰어넘고 또 뛰어넘었다
그러한 풍경들이 내 유년에 얽힌 애증을 다 빗었다고 말할 수는 없겠지
언제부턴가 더 이상 비밀이 아닌 비밀이 되어있어
아직도 늦지 않았다는 누군가의 위로를 외면하지는 않겠지
철없을 때 길을 찾아나서 보는
저만큼의 길이
바다를 이루는 거기쯤에 서면
나는 가끔 프라이드치킨을 질겅대며 씹어보는 것이다

어머니의 바다

어머니 숯불 다리미
느닷없이 짜디짠 눈물바람 보태어도
장대산 개꽃의 불타는 목숨처럼
그 꽃불 여전히 일렁이고
어떻게 몸부림쳐도 후련해지지 않는 것이
무엇을 바라 그 많은 사무친 것들
늑골을 눌러오는 내 안에서
잔기침 우르르 쏟아놓듯 동행하는 것인지
어머니 매운 손끝에 맺힌 한 생의 물소리
시간이 흐르고 흘러 여리고 잠잠해지면
아무 일도 아닌 듯
슬픔도 바다가 된다는 뜻인지도 모른다
그 바다 아직 멀다

추석에는 어머니 솟구친다

어머니는 마당에서 불을 놓고
솟구치는 불씨들 공중에서 탁탁 터지는 소리
그 소리 따라 하늘 가득 채워지는 당신
보름달을 올려다보는 순간
솥발산에 묻힌 어머니
더 많은 불꽃을 향해 일어선다
몸속의 흐느낌들이 어머니 냄새를 풍긴다
추석이면 다시 살아나
눈을 감아도 내 몸속으로 돌아오는 어머니
잠잠하게 잠기는 핏빛 울먹임 같은
피었다 흐르는 붉은 꽃들을 내게 보낸다
십 년 전에도 보고 일 년 전에도 본
빛 부시게 찬란한 저 달을 향한
이승과 저승의 중간쯤에서
불태우는 어머니 한없이 솟구친다

방아꽃

'니 손 내 손 맛있네 해도 양념 맛이지'
갈치 고등어조림 추어탕까지
부글부글 끓는 냄비뚜껑을 열고
방앗잎을 올려놓던 어머니

'친정 시집이 대니까 시집살이도 대더라
너거들은 친정 시집 안 살릴란다 기대로 커거라'
입안이 아려오는 그 서슬, 물 묻은 손맛은
밀려드는 바닷물처럼 아직도 짜고 비리다

어떤 회전의 시작으로 젊음의 마당귀를 건너던
무서리의 시퍼런 밤들까지
묵은 신문지에 번지는 잉크방울처럼
두런두런 다가오는 저 먼 향내

소 울음

돌아보면 아무도 없는 혼자만의 방
허공에 등을 기댄 이승처럼
나날이 완강해지는 외로움이 두려워
버거운 육신을 끌고 가는 아버지
저무는 산을 향해 소 울음 운다
눈에 보이는 것, 귀에 들이는 것
냄새 맡고 맛보고 만지던 것들
가진 것 모두 헛것이 되어 떠도는 것인지
그리움은 그리움대로 슬픔은 슬픔대로
이제 그 누구의 가슴에 그 무엇도 허용하지 않을 작정이다
알고 계실까
상처가 깊을수록 갈 길은 멀고
골수 깊숙이 안개 파고들어
한 치 앞도 분간할 수 없다는 것을

나는 지금도 그네를 뛴다
—영도 바다와 영도다리

대평동 시절
큰 그네를 힘차게 구르면
한껏 부푼 치마폭 속으로
시퍼런 바다가 휘감겨 들고
누웠던 영도다리도 벌떡 솟구쳐 들어
벅찬 가슴, 숨이 막혔지
지금도 그 바다
핏줄마다 출렁이고
영도다리는 일어선 등뼈
싸이렌을 울리고 있지

딸에게

아무거나 슬프단다
설거지를 하면서
빨래를 널면서

미소를 지으면 지을수록
슬픔 알아차린
거울 속 눈빛
얼음알처럼 아리단다

아름다운 여정
내 안에 피던 라일락

자판기 앞에서
가로등 밑에서
이명으로 울려오는 시린 종소리

내 속에 사랑 이상의 것
그 무엇이 있다는 걸
난 아직 모르나 봐

2부 · · · 강남이 던져오는 것

강남이 던져오는 것

초고층빌딩과 vvip마케팅과
첨단매체가 동원되는 강남으로의 외출은
애초에 정신없이 먹어대기 시작한 슬픔 때문이었어
일확천금을 거머쥔 가학의 도시에서
나보다 먼저 시민권을 얻은 소음과 매연
비대해진 공해와 어깨를 겨루며 도망치는 것이었어
그러니까 한강 둔치를 배회하며 하릴없이 똥이나 흘려대는
비둘기들의 뚱뚱한 식욕을 일찌감치 따돌린 거야
아침 해장으로 컵라면 봉지를 뜯으며
뒤통수를 긁적거리다보니
한강 아래쪽 사람이 된 것이야
타락해 가는 자신을 용서하는 길 그건
아직도 '부산' 소리만 들어도 가슴의 울렁증이 도진다는 것이야
벚꽃비 찬란했던 동래 골목길까지
한 발이라도 먼저 당도할 수 있는 한강 아랫녘에서
네 맘속에도 있는 밀실의 종소리
그 추억의 시간대 속으로 바튼 숨을 참으며 빨려 들어가
적시고 더듬어 그립게 끌어당겼다 놓았다 하는
손가락 약속을 나누려는 것이야

화장실, 그 풍경에 동참하다

연산홍 꽃밭에 앉아 연산홍을 쓰다듬다가
오소소 몸이 떨리면
그 끝에서 부력을 떼고 출발선에 서보자
버티고 또 버팅기다가
지평선 끝 그 끝까지 달려보자
모닥불 가에서처럼
이 지상의 모든 아름다운 것들을 붕붕 띄워보자
바람이 불면 고개를 흔들고 비가 오면 물기를 머금은
분홍 과일과 푸른 채소와 곡기, 양질의 육질이
긴 여정 끝에 당도한 운동회 날
드디어 박수치며 일어서는 응원 뒤의
힘찬 열매가 까무러치도록

배비장

하긴 온갖 핑계 거리로 사람을 깔아뭉개거나
쉰 막걸리처럼 슬쩍 쏟아 내버리기엔
바다만 한 곳이 없더군
나를 두고, 나를 괴롭히는 그 무엇이 아직도 보이는가
그러기에 바다는 장소가 아니라 시간이지
제주 바람이 거세다고 입을 틀어막아버리려 해도
고백건대 나는 너무 오래 감시당했어
누군들 의심했겠는가
치마폭에 휘감긴 조롱박 신세라니
거센 풍랑이 배 바닥을 뒤집어 보이듯
막무가내로 환장하겠더군
배를 깔고 엎드려도 천둥 번개가 따로 없더군
저 쩌렁한 추위의 얼음옷을 벗기고
뒤가 보이지 않는 거울처럼 내 이름 석 자 지울 수는 없는지
오늘 같은 날 가만히 생각해보니
제주 물빛 같은 상소문을 하늘바다에 띄워봐야 되겠군

산서 사람 이영 이야기

인간이었을 때 나는
스승의 가르침을 마다하고 친구들과 어울리지도 않았다
속물들도 멀리했다
오만하고 도도하게 굴었지만
사실은 내 옹졸함, 학식과 재능의 부족이 탄로 날까 봐서였다
사람들은 누구나 마음속에 맹수를 기르고 있다
내 턱없는 자만심이 맹수였다 범이었다
일찍이 나는 등과해서 강남위의 벼슬을 받았지만
미관말직이라 곧 그만두고 귀향해 시작에만 전념했다
그러나 문명은 미약하고 생활은 날로 궁핍해져 갔다
별수 없이 과거를 다시 보고 지방관으로 나가
멸시하던 동료에게 머리를 조아려야만 했다
용모는 초췌해지고 수치심과 울분으로 성격은 거칠어져 갔다
얼마 뒤 출타해서 객사에 들었을 때
누군가가 나를 부르며 밤잠을 깨웠다
그 소리를 따라 달려가니 깊은 산 속이었고
나는 어느새 양손을 땅에 짚고 네 발로 달리고 있었다
소리치고 발광하며 달려 나간 그 후
사람들은 나를 다시는 보지 못했다
나는 맹수가 되어 인간으로서의 지각을 잃은 것이었다

다행히 하루 몇 시간은 사람의 마음으로 돌아온다
사람의 말을 할 수 있고 시도 외울 수 있다
잔악한 내 행동을 돌이켜 보고 후회도 한다
명사들의 책상 위에 내 시집이 놓여진 꿈을 꿀 때가 많다
실은 어줍잖은 시를 말하기 전에
지금쯤 굶어죽었을지 모를 처자 걱정을 먼저 했어야 했다
시인이 되기는커녕 호랑이가 되어버린 이 꼴로도 말이다
내 추악함을 눈여겨봐라
어젯밤에도 저 산마루에서 달을 향해 소리를 질렀다
속 타는 울음이 하늘로 뛰고 땅을 차도 소용이 없다
천지간에 혼자라는 것이 견딜 수 없어 더욱 격해지고 흉포해
진다
인간의 마음으로 돌아가는 시간이 점점 짧아진다
재능을 소모해버린, 낭비한 과거를 되찾을 수는 없을까
내 슬픔을 누구와 나눌 수는 없을까
이제 내 속에 남아있는 인간의 마음이 짐이 된다
영영 사라져버리는 편이 나을지도 모른다
하지만 겁이 난다
그나마 붙잡고 있는 인간의 끄나풀마저 잃을까 해서

*참고 : 李炳注의 「바람과 구름과 碑」

헤르메스*의 다리

온 동네를 통 털어
티브이며 전화가 한두 대쯤 재산목록으로 등재되던 시절
지구상의 오지와 소통을 꿈꾸던 미카엘 노톤과 나는
국제 펜팔이란 걸 했다
"비틀즈의 링고 스타에게 열광하며
내 방엔 내 티브이 내 오디오 내 카메라 내……가 있어"
나는 동갑내기 십대 소녀의 이 'my' 라는 소유격이
소정거리 너머 삼성대 가는 길의 조폐공사 굴뚝보다 더 경이로웠다
국제시장 뒷골목으로 팔려나온 다이알 비누와 멀쩡한 옷가지들
미국 구호품을 보고
미카엘의 'my' 라는 풍요에 신음소리를 내곤 했다
지역과 지역을 이어주는 나그네
심부름의 신이며 과학의 아버지
시공을 공유하는 엄청 빠른 정보를 타고
세상의 다리 이쪽과 저쪽을 오가는 헤르메스
허덕이는 가난에서 '나의' 쓰레기 더미로 골머리를 앓는 이즈음
외부순환도로를 타고 일산 쪽으로 돌다가

'김포대교 시공 반대' 라는 구호를 흘깃 읽으며
이제 미카엘 노톤의 'my' 라는 풍요를 두통처럼 떠올린다

*그리스 신화에 나오는 상업의 신. 하늘나라와 땅 밑, 저승도 출입할 수 있는 유일한 신.

손님, 누가 더 억울한가

지문도 발자국도 남겨놓지 않은 베테랑 도둑은
세 집이나 턴 보석 사냥의 성공을 만끽하러
그 밤으로 나이트클럽에서 흥청거리며
여자까지 범하려다 꼬리가 잡혔다
덕분에 경찰서 강력2계 살벌한 지하방으로
다음날 아침 나의 출두도 뒤따랐다
수십 자루의 칼, 드라이버, 망치, 밧줄, 가면, 가발……
흉측한 범행 도구와 밤을 뜬눈으로 밝힌
강력반 형사들의 부스스한 얼굴
그 곁에서 고스란히 반짝거리고 있는 장물들
밤손님은 초저녁 아파트 빈집의 보석에다
눈을 등잔불같이 밝혔단다
옷 나부랭이는 거들떠보지도 않은 큰손은
서른두 살의 상습범
이미 십오 년을 큰집에서 살았고
형과 동생도 그런 집에 살고 있는
그 나이의 인생이 억울한가
내가 더 억울할 뻔했는가

별들에게 물어봐

사십이 넘도록 밥을 안 해서 행복하다는 여자와
이십 년이 넘게 밥도 해서 행복하다는
남자와의 설왕설래도
오래된 기호처럼 뒤로하고
무심한 돌부리에 걷어 채인
이름 붙일 수 없는 것들을 생각하다가
낯선 길에 잠복한 그가 문득 그리워지더니
그래서 그날 밤은 별들이
유난히 여럿 눈꼬리에 매달렸다
뭇별이 칼날처럼 초롱하던 바이칼호 언덕에 누워
수없이 떨어지던 유성에게 소망을 빌던
그 촉촉하고 깜깜하던 밤을
시원의 물에 흠뻑 젖어 근원으로 잠기던
그 정체 모를 흐느낌을 새삼 복병처럼 떠올렸다
밥을 하는 남자와 밥을 안 하는 여자에게
진실 게임의 진실은 '별들에게 물어봐' 혼자 흥얼거렸다

기침의 도미노

누군가에 의해 기침이 엎질러지기 시작한다
어두워 오는 산길 한가운데에서
자동차는 속력을 죽이더니 힘없이 퍼져버리고
비상등의 삼엄한 신호에 던져진다
기침은 이제 눈보라를 휘몰아친다
엉터리 시골 공업사의 불친절 짜증 의심
어려운 순간을 견디게 되는 건
한없이 들쑤시는 인내심을 지켜내는 일이다
예정에 없던 일박 후 검은 비닐봉지 속 같은 기침을 싣고
불안의 꼭지를 흔들며 한밤중에야 서울까지 달려온다
목숨을 담보한 기침을 잘라내듯 다음날 아침
지정 공업사에서 자동차를 재점검한다
기침은 흐릿한 용기 속에 씌운 것처럼
질식 직전, 수난의 기미가 역력했으니
어느 겨울 저녁이면 도미노 식으로
얼음 밑에 깔리는 듯했던 그 몇 날을 생각하겠지
놀랍게도 기침은 사진 속의 얼굴처럼
봉평, 장평, 면온, 이런 지명들을 배경으로 웃고 있을 것인지

디지털 이별법

사랑만은 만만찮다
심장의 박동과
저 눈빛을 어떻게 버텨낼 것인가
비명이다
종횡의 연대 속에서
온라인망에 접속되는 일
속전속결의 동행이다
삭제 단추만 누르면 깨끗하다
구질구질한 행사는 필요 없다
메일 박스의 클릭 몇 번이면
통째로 날아간다
기억을 되살리는 단서는 없을수록 좋다

3부 · · · 흘러가는 것이 있어 구멍은 있다

빙점의 눈물

—겨울 유명산에서

햇살을 보듬는 굴곡진 산 틈새에 눈물을 부리듯
빙점에서 머물던 아프고 어지러운 눈물바람으로
기어이 빙판을 이루는
현기증의 신전을 오늘도 세우고 있다
소리치고 소리쳐 울어 더께 진 계곡의 물소리
얼음구멍의 버거운 숨쉬기로 투명한 기척들 울리고
견고한 바리케이트를 치는 냉기의 냉혈함이
얼음에 싸여 얼음의 영토를 넓혀가듯이
빙하보다 깊은 지하에서 맑은 물소리로 걸어가는
새하얀 얼음들의 성전, 늘 고요함 속의 맑음
빙벽을 타고 발끝을 찍어가는 비장한 응고를 위해
허락된 시간도 잠시
때가 되면 녹아내려 바람과 흙과 물로 흩어져
흔적 없는 공허가 남을 뿐이란 것을

흘러가는 것이 있어 구멍은 있다

계곡은 음지를 안고 얼음 더께에 싸여 냉기와 한통속이다
얼음은 얼음끼리 팔을 끼고 허리를 껴안으며
훈김 있는 어떤 것과 무엇 하나 나누려하지 않는다
빙하의 깊이가 얼마인지
햇볕을 차단한 음산한 울림의 끝이 어디인지
음습하고 그늘진 겨울 산 계곡에도 소리치며 흐르는 것이 있다
그늘은 어딘가 덧나게 하고 그래서 숨통은 있게 마련이다
얼어붙은 소를 지날 때마다 골 깊은 구멍 하나씩은 있고
얼음에 몸이 잠긴 바위 아래에도 소통의 기색은 있다
칼춤을 추는 동장군이 버젓이 뿌리를 내리지만
시련 앞의 생은 얼마나 감미로운가
한 순간도 마음 놓을 수 없는
빙판과 빙벽의 음기들이 버젓이 판을 치는 유명산 계곡
얼음구멍 아래로는 로코코식 얼음기둥 궁전이 들어서고
미끄러질 듯 거울 같은 회랑이 빛을 뿜어
거기 흘러가는 것이 있어 김이 오르는
목숨들이 기거하는 은신처가 있다
얼음 위 눈길을 밟는 발자국 소리도
달콤한 입술을 볼모로 한 첫 사랑의 고백처럼 떨리고

혼을 빼앗던 추억이 허한 속 속속들이 부대낄 때에도
세상에 없을 것 같은 길, 솟아오를 통로는 있다
얼어붙은 것은 구멍이 있다

바닥에 닿아보면 안다

우의로 무장하고 우산까지 받아도
알몸에 닿은 것 속속들이 다 젖고 만다
검봉산 530여 미터
산은 사백이고 오백이고 한 성질 한다는 거
물안개 산안개 안개란 안개 다 모여 시야를 가리고
바위 오르막에 비탈길
들숨 날숨 벌컥대며 악세게 걷는다
일행의 뒤꼭지도 유령처럼 외롭다
강선봉 지나 정상까지
납작 엎드리되 어떻게든 쓰러지지 말 것
젖은 옷은 추위 앞에 무력하고
비바람의 강공에 사망 직전이다
문배마을 1.8km 이정표 앞에서 좌회전
마지막 깔딱고개에서도 우회전이면 미아 신세다
첩첩산 골짜기에 들앉은 분지, 문배마을 지나
아홉 굽이 물줄기의 구곡폭포
돌고 돌아서는 무수한 개미 떼의 행렬도
그 생이 왔던 곳으로 돌아가는 것이 정석인가
폭포 아래서 버스를 타면
페로몬향에 꼬리를 물고 물듯

산을 오를 때의 초입으로 되돌아가는데
춘천행 기차를 타고 강촌역,
문배마을에서 하산해보면 안다
바닥까지 닿아본 비 맞은 강아지 꼴을 하고
돌아갈 시간을 가늠하느라
기차역에서 어슬렁거리노라면 보인다
묻지 않아도 돌아가겠다는 희미한 체온이
지친 시간의 안간힘이
얼마나 집요하게 발목을 적시는지

문배마을

구름 위 하늘 아래 종점
문배마을에선 몽상처럼 느리게
햇살이 능선을 타고 오른다
욱신거리던 눈시울도
환해지는 마음이 보고 싶은 것이다
온갖 수모를 자처하며
저 아래 방 한 칸을 위해 산다는 것
대책 없이 그리움의 골조를 세우려 했던 것도
이미 화석이 되어 고여 있다는 걸
안개 가득한 선계의 소문으로 알고 있다
거대한 허상의 부양을 벗고 나면
투명하고 사무친 것
멀고 높을수록 끝을 말하지 않는 것
그 정점은 늘 헛것이란 것도

구곡폭포

간밤에 별을 만지던 선풍에 등 떠밀려
천상에서 하늘바위벽을 타고
아홉 굽이 돌아온 물줄기가
힘껏 뛰어드는 물보라
직방으로 떨어지는 현기증의 하강을
습한 빛과 그림자의 신들은 차갑고 무성해
건너 숲에 싸인 물안개의 혼이 서성대는 대로
평화롭게 잠든 성자의 고향을 묵묵히 지키고 있다
첩첩산 깎아지른 벼랑을 올려다보며
비탈길을 구르듯 내려오면
그제야 입을 틀어막고 달뜬 신음소리 훔치듯
흙과 나무냄새를 추억하는 것이다
문배마을 이마에 걸린 창백한 낮달도
혼자 젖으며 타오르는지
숨죽여 눈부셔한 사랑처럼 가슴으로 우는지

산이 우는 이름

저들은 알고 있을까
왕건에게 쫓긴 궁예가 울었다하여 명성산
삼각봉에 올라가
궁예처럼 바위부리에 채이고 넘어지고
궁예의 눈물이라는 흐릿한 약숫물을 마셔도 보고

아랫녘의 억새축제 깃발이 요란을 떨어댈수록
그 이름 부르며 또 그렇게 부서지고
쓰러지고 일어나며
밤새 산정에서 펼쳐질 저 눈부신 억새꽃의 춤사위
하늘을 호령하던 산야에서 살얼음 낀 세상으로 실어내는
궁예의 지독한 고통 아닐까

이 무심당당한 세월이 달라져
산정호수 푸른 물이 역류하며 흐르고 흘러
혼이 혼불로 만나 가슴에 가득한
가질 수도 이룰 수도 없는
절절한 사랑이야 접어두고서라도
조용히 내려놓을 그대와 내가 원치 않았던
못난 상처 같은 은빛 생
그것이라면 족할까

폭포의 노래

웅장하고 아름다운 폭포 있었어
하늘에서 땅으로 이어지는 높고 힘찬 폭포였지
얼마나 높은지 언제부터 떨어지는지 아무도 몰랐어
끝없이 하강하며 소리치던 폭포가
어느 겨울날 가슴마저 얼어붙은 후 풀리지 않았어
폭포는 더 이상 노래하지 않았던 거야
폭포소리를 몹시 그리워한 그는
미끄러져도 오르고 떨어져도 오르고 올라
폭포의 언 얼굴에 매달렸어
'폭포야 풀려라 한없이 외쳐라'
맨주먹으로 차가운 얼음덩이를 두들겨댔어
피투성이 제 머리와 몸마저 폭포에게 던졌어
그제야 폭포는 계절과 밤낮을 되찾고
다시 소리치기 시작했어
동해에서 맑은 햇살이 치솟을 때마다
절벽을 밀어내듯 직강하는 폭포수는
그의 심장에서 퍼 올린 붉은 피로
무지갯빛을 천궁으로 뿌린다는 거야
그를 기려 폭포는 마지막 생의 재회처럼
겨울이면 하얀 얼음으로 다시 얼곤 한다는군

4월 북한산

앞산에도 뒷산에도 천달래 만달래
붉은 구름 안개바다
한 열흘 퍼붓는 불면의 밤을 새워
울면서 눈송이가 되고
울리면서 빗줄기가 되어
산을 기어오른다
오를수록 돌아서서 돌을 굴린다
절벽을 타고
낭떠러지를 딛고
시취에 취한 영혼
소복한 달빛에 밝힌 제대祭臺
입은 저고리를 벗어
싸늘한 적신赤身을 감싸 안던
그 무덤 찾아왔나
검은 능선 위로 얼음조각 달은 뜨고
만개한 혼불
핏빛 눈물이 흩날린다

늦가을

젊디젊은 가슴으로
한바탕 생의 바닥을 쿵쿵거리며 지나왔는가
울컥 막걸리 장단으로 취해보고도 싶지만
정작 황혼처럼 그냥 눈물겹다
쓸쓸한 것들만 초대 받은
파장의 식탁 위에는
떨어진 낙엽만 수북한 채
그런 것들은 아무 일도 아닌 듯
사그라드는 빛이 발에 밟히느라
조금 더 슬플 뿐이다
'가을비 끝이 내복 한 벌' 이라며
일기예보를 흘리던 어제 저녁쯤만 해도
어스름의 그리움을 어떻게 견딜 것인지
단풍든 산의 현란함을 염려했건만
가을이 물오른 몸뚱이를 지나간 것도 모르고
산은 어느새 우울을 흔들고 서 있다

산길을 걷다보면 문득

느닷없이 찾아온 몸살처럼
말없이 꽃이 시들고
잎잎이 스친 바람은 밀정처럼 몸속에 스미는데요
이름 붙일 수 없는 수많은 것들에게서
얼마나 많이 발목을 잡혀야하는지요
시내와 풀과 나무
상수리 잎에도 할 말이 너무 많았던 걸까요
일몰을 앞세우고 하산할 때쯤이면
끊임없이 사무치는 일까지 구름에 말리지요
눈과 마음이 모자랄수록 느린 움직임 같은
가끔은 등 뒤에서 목쉰 소리 울려오지요
산 어딘가에 은밀히 감추어져 있는
엷고 가벼운 빛같이
아무 소리도 들은 것 없지만
머리는 숙이고 절벽은 돌아가라고

도깨비놀음

스모근지 안갠지 우중충한 날씨에
글도 되지 않는 꿀꿀한 날
산에 가서 산도깨비나 만나자
휴대폰 도깨비는 송수신불능이고
철 지난 고백을 썩지도 못하는지
비틀린 소나무 곁에서 푸른 별을 향해 편지를 쓴다
내 필기 행위에 이왕지사
메밀묵에 막걸리로 고사라도 지내볼까
푸른 인불 꽃들이 하나 둘 흩어졌다 모여든다
하소의 강을 이룬 내 도깨비 고백상서
방망이 휘두르며 노래하고 춤추며
사람에게 읽혀질 개봉의 때를
눈 달린 도깨비의 꽃 같은 구애를
내 제례의식의 오죽한 등살에
숲의 서약들이 때 아닌 비리에 질렸는지
더 참을 수 없어 발목이라도 삐었는지
모두 무사한지 어떤지

지리산

고래들이 물결을 힘차게 밀어붙이는 바다였네
저마다 다른 전설을 노래하고
운무에 뒤덮인 장엄함이 속살을 내보였네
조금 더 가까이 가려는 욕망이 더 높이 더 깊숙이 나아가길
모험에 홀린 영혼을 제어해야 한다네
저 풍경들을 모두 빚었다고 하는 취기
그러한 비밀들까지
이것이 욕구이고 완전히 몰두한 마취란 것을
아주 먼 세상의 끝점에 엎드린
승속을 넘어선 당신에게라면
지리산 운무가 고래 등을 어루만지며 읽다가 간
경전 한 구절 동봉할 수 있을 것이네

화산

지층 아래, 저 아래에선 거대한 대장간
전쟁의 신 아레스가 무기를 끊임없이 만들고
헤라클레스의 갑옷과
제우스의 천둥과 번개를 만든 헤파이스토스
대장간에서 쇠를 내려칠 때마다
분화구에선 폭음과 불꽃이 튀어 나온다
신의 노역으로 터지는 검붉은 메시지에
꼬질꼬질한 유효기간이 있을 리 만무지만
그것이 만들어낸 불가사의한 위엄으로
미친 태풍의 눈도 찌르고 싶을 것이다
허무맹랑한 수증기를 내뿜는
지표 밖으로 돌출한 절대적인 에너지
언제 폭발할지 모르는 저 당당하고 뜨거운 생

함허동천에서

여름이 물러간 우듬지에 아슬아슬하게 매달려 있는
불안한 풍경의 안쪽에서
채웠다가 비워지는 산골짜기의 침묵들이
피할 수 없는 시간의 등 뒤로 밀려가고 있다
긴 가뭄의 등짝을 가르고 황토밭을 뒤지는
산 아래 사람들은 어느 정토에 머무는 손님인지
바람이 가지를 흔들어 땅으로 밀어낼 때마다
생의 한 장면을 닦달하는 여편네처럼
한세월 채이고 채인 까칠해진 몸뚱이로 혼돈할 때가 있다
나락으로 떨어지는 잎들의 운명을 올려다보면
영락없이 명치끝은 아려오고
먼 고원을 달리는 노을은
참으로 슬프게 붉어져서……

4부

오래된 우물이 있는 풍경

껍데기의 춤

팔월이 한가롭게 기우는 며칠 전부터
4층 아파트 방충망에 매미 한 마리 달라붙어
때늦게 목청이 끊어져라 울어댔다
아무리 생각해도 그 울음 안간힘이다 했더니
어느새 껍데기만 남아 바람에 매달려있다
삶도 단지 저렇게 빠져나갈 뿐인지
아니면 어딘가에서 또 맹렬히 울어대는 것인지
그 정도로 운명과 협상하지는 않을 것처럼
헛것이 아직도 아득바득 철망을 붙잡고 있으니
창틀에 스며들 리 없는 죽음의 공포가
몇 번이고 산 채로 등이 터지는
아픔 뒤의 절망을 겪는 것이겠지
울음의 끝없는 절규란 것
한때의 생이 저렇듯 껍데기일 수도 있다는 거겠지
마른 육신을 이중창의 방충망에 걸어놓은
등이 찢어진 매미 껍데기
고립으로 향해가는 슬픈 몸뚱이로
이제 배롱꽃보다 붉디붉은
인간의 불륜 따위를 넘겨보는 일은 없을 것인지

오래된 우물이 있는 풍경

내 인생에 더 이상 흥미로운 것이라곤 없다
나는 이미 오래전에
병든 이파리 같은 지상의 남루
너절한 허물 따위 날려버린 지 오래다
떠돌던 바람이 귀를 빠끔히 열고 가끔씩
냉기를 내 안으로 끌고 들어왔으나
이내 허옇게 질려서 돌아나간다
반쯤 덮인 시멘트 뚜껑엔 오래된 이끼와 흙먼지가
꺼멓게 썩기도 하고 더러는 한 세상 표백할
파란 새움으로 돋아 생기를 뿜어내기도 한다
나는 잊혀진 왕족처럼
적막한 고독과 삶의 녹 쓴 품위를 기억하지만
무채색의 따뜻함이 만월처럼 차오르고
스미는 것들의 저 아름다운 불시착을 본다
반대편으로 멀리까지 뚫고나간 웅덩이는
시냇물을 자꾸만 제 목숨 안으로 끌어들일 것이다
하늘이 깜깜한 우물 한쪽을 비집고
자신의 몸 어딘가에서 손발을 끄집어내고는
절벽 같은 삶의 안쪽을 망연히 들여다보고 있으리라
허방을 부여잡은

깜깜한 몸통 속에 해를 넘긴 울음 한 자락이
늙은 개처럼 헐떡거리며 서쪽 하늘로 사라져간다

지하철 1호선

웅크린 몸 폈다 오므렸다 하며
그러나 지나치게 슬픈 걸 견디며
여기까지 왔다고는 말하지 말자
대책 없는 욕구가 거대한 허상을 만들 때
바람의 정거장은 꿈속에서도 허기가 졌으리라
폭발 직전의 전류가 늑골을 태우며
절망에 끌려가는 옹색함이란
그가 알고 네가 알고
세속적인 비밀을 아는 사람은 다 알고 있다
느닷없이 찾아온 지독한 몸살의 정체를
열에 떨며 맞이하기엔 휘어진 추억
그 속에 얼마나 많은 소음이 동행했던가
복병처럼 어둔 사막을 건너려는 이 시각에도
협잡꾼과 노숙자가 무던히 상처를 안고 버티듯
생의 은신처를 향한 한 닢 위안이
지친 육신을 외면하지 않을 것인지
어딘가에 있다고 믿어왔던 피안의 배후
저 눈부신 음모 같은 건 안중에도 없다
분침이 바튼 혀를 날름거리는 지하 동대문역
허접한 세속을 잡도리하듯 마지막 전동차는 떠나고 있다

영등포역에서는

낱알의 모래로 떨어져 밟히며
모였다 흩어졌다 하는 다양한 얼굴, 그 속에서
무명의 인파로 명명되는
모든 길의 허공을 지켜볼 일이다
제 각각의 부정과 긍정으로 뒤엉기며
가까워질 수는 있지만 같아질 수는 없는
더 이상 작아질 수도 없는
낯선 존재의 모호함을 공유해 볼 일이다
골수에도 안개가 끼는 한밤의 25시
영혼의 공간 그 끝에 서서
어쩌면 나 아닌 다른 나의 수작이
눈웃음치는 운명의 위치를 물어볼 일이다

용의 알

돌떡 같은 공룡알 화석들이 저희끼리 모여
언제부턴가 갈대 습지에 묻힌 잠을
한사코 흔들어 깨우고 있다
강은 염기를 내뿜은 채 허옇게 말라비틀어져
소금기 바람에 버석거리고
염초와 어울려 흔들리는 갈대들이
그날처럼 우우우우…… 떠돌며 웅성거리며
백악기 소리에 귀를 모은다
저기, 누군가
결박을 풀고 자신에게로 돌아가고 있다
몸을 추스르고 빗장을 풀어내린다
티라노사우루스*가 괴성을 질러대며 불쑥 튀어나오고
브리키오사우루스**는 쿵쿵 지축을 흔들며 다가온다
일억 년 전, 불 같은 이별을 치른 후
멀고먼 마음에 밧줄을 휘감은 채 버틴 시간이 얼마인가
빙하 위로 쓰러져가던 그 빛의 경이로움으로
분투하고 괴로워하고 산고를 겪었던
바로 그 경계에 걸터앉은 그가
여전히 내 몸 안에 사는 화석, 그 사람
바다 속에서 식어가는 저 돌무더기가 우리의 과거라는 것을

일정한 거리로만 꿈을 꾸는 용의 알
썰물이 몸을 뒤트는 순간 웅덩이 속 부화는
시화호 깊은 노을 속으로 빠지고 있다

*육식 공룡
**채식 공룡

그제야 라면이

라면이나 끓여본 것은 거의 무의식적인 핑계일 뿐
무력감의 입자들이 포착한 몰골은 이미 말이 아니다
붉다 못해 펄펄 끓기는커녕 풀어진 면발이……
그제야 라면이, 오후 3시
아니 적막이 먼저 등 뒤로 기어오르고 쓰러뜨리고
저희 뜻대로 주무른다
아, 나는 혼자 뒹구는 시간의 눈을 비비며
가려운 발가락을 긁는다
돌아보면 너무 외롭거나 적막해 울컥 솟는 것이
잃을 것도 얻을 것도 없이
활활 타오를 것도 없이
순정이라고 우긴 허접한 오후의 말랑말랑한 끝이
모든 혼돈의 시작일지 모른다
젖은 듯 싸늘하고 눅눅한 욕망을 포기했을 때는
허리띠가 풀려나가듯
조금 더 슬플 것을 각오해야 한다
골수를 독식하려는 적막의 기세는
푹 퍼져 불어터진 면발들 틈새에서
집요하지도 못한 주제에
허약함에 포박된 이름 모를 욕구를 붙잡고

금기의 무엇이라고 말하지는 않는다
뺨 위로 흐르는 찌그러진 인간의 체온이
기어이 주체할 수 없는 후회처럼 젓가락에 걸린다

여름 분수

장맛비, 보는 것 듣는 것으로도
푸른곰팡이처럼 슬픈 냄새에 취하는 날
질컥대며 방안에서 썩지도 못하고
차라리 죽어서 눕지도 못하고
대책 없는 허기를 붙잡듯 집을 나선다
파출소 지나 우체국도 지나
한일선풍기 회사 담을 끼고 걷다보면
할인마트 보신탕집…… 잡풀처럼 일어서는 가게들 지나
숲속가든 같은 저택 담을 끼고 돌면
이슬비든 장대비든 우산 하나 배낭에 찔러 넣고
개울물 소리 들리는 곳에서부터
여뀌 고마리 소리쟁이 질경이 명아주
누군가 뿌려놓은 봉숭아 맨드라미 코스모스까지
신선하게 채우고 뿜어내는 초록의 힘
떡 버티고 좌정한 눈 시퍼런
생명의 분수와 맞닥뜨리는 것이다
식물의 무장은 온갖 풍상 앞에서도
고집스럽고 당당하다
산을 뒤덮은 물안개도
허공을 헤치며 알몸으로 발동한다

숲 어귀 웅덩이엔 직박구리 산비둘기 까치소리
새벽이슬처럼 또르르르 구른다
천지간의 아름다움이란 모두 모여 숨 벌떡이는 긴 우기
참혹하게 홀로 타오르는 지금은
빗소리에 갇혀 입을 틀어 막힌 밤
오래 묵은 빈방에서 눅눅한 내 생을 여름분수처럼
울어 젖히고 싶은 것이다

도깨비불

여름 밤 어느 별이 세상으로 내려와
하늘과 바다를 다하여
사람의 마음을 불러보는 일
새벽닭이 울기 전에
아무 집 헛간이나 짙은 풀 숲 무덤가에서라도
그 속 모두 끄집어내어 잠시잠깐 닥치는 대로
한밤의 후끈한 그 몸을 뒤집어 보고 싶은 것이다
저들끼리 본심을 드러내보고 싶은 것이다

허수아비

들판의 물결과 물결 사이에서
저 건너편 저수지의 격렬한 삶이 지나간 골반
그 수심보다 수백 배 깊이 출렁이는
그 무엇이 있다
온갖 배경을 포식한
저토록 느슨한 주름의 꿈틀거림 사이에
하늘도 구름도
아득히 흘러온 무심 사이에
측정할 수 없는 어지러움 사이에
무언가를 산란하고 있다
빛인 듯도 하고
소리인 듯도 한
그 끝에서 암호를 풀고 있는
나를 쳐다보고
내 눈동자를 꿰뚫고 들어오는 투사와 굴절 사이에
발화하는 무엇으로 있다

다이아몬드를 위한 서사시

17세기 중엽 남아프리카 희망봉의 오렌지강 언저리
에라스무스 야콥스가 배수구를 뚫을 막대기를 찾다가
강둑의 자갈 사이에서 반짝이는 돌을 발견한다
야콥스는 이 돌을 누이에게 주려고 농장으로 가져가고
21.75캐럿인 기적의 알은 런던으로 보내져
파리 만국박람회에서 전시된다
바로 이 돌이 10.73캐럿으로 가공된
남아프리카 최초의 다이아몬드 '유레카'
영국 정부는 야콥스에게 보상금을 주려했지만
거절의 이유는 단 한 마디
"그런 돌은 너무 흔한 것입니다."

기적의 알을 위한 서사시는
역사 이전부터 유래되고 태고적 영지에서 온 것들이다
혹독한 시련 속에서 솟아나온 형상인만큼
비장한 아름다움에 대한 억누를 수 없는 충돌과
고귀하고 심오한 미의 전형이 되는 알
돌연한 연소의 세계에서 살아남아
각뿔들은 마멸과 절단이라는 틈바구니에서
필연적이고 변함없는 불멸의 기하학을 드러낸다

가혹하게 다뤄진 탐욕스런 구조, 그 다각형들

* '유레카'를 시작으로 경작하기조차 어려운 땅으로 무수한 모험가, 상인, 일꾼들이 몰려들어 광산의 캠프 안에 은행, 세공장, 살롱 등이 세워졌다. 그 가운데 가장 먼저 부자가 된 사람은 술집주인들이었다. 1869년 80.50캐럿의 미가공 다이아몬드 '남아프리카의 별'이 발견되었다. 이 돌은 47.75캐럿의 배 모양으로 가공되어 1974년 크리스티 경매장에서 552,000달러에 팔렸다.

버터플라이

물론 나는 내가 무거워서 뜨지 못하게 되리라고는 생각지 않아
문제는 그 무게를 의식하지 않는 무의식에 달려 있어
그것은 내가 일생을 감행한 모험
낯설고 두려운 물 위로 사뿐히 자신의 존재를 비우며
비행처럼 느껴지게 하는 거야
그러니까 나를 무겁게 내리누르는 중력이나 슬픔이
모두 물밑으로 미끄러져 내려야 해
곡선을 구사하며 유영하는 내 몸은
유연한 어깨로 두 팔을 한껏 회전하며 곧게 뻗어
물을 멀리까지 잡을 것과 턱을 당긴 목고개와의 일직선
발차기의 시차가 절묘한 조화를 이룰 때
퇴화해 가는 날개자국을 밀어내며 자신을 용서할 수 있을 거야
중앙공원에서 찔끔거리는 비둘기 똥으로 딴죽거리기보다는
야멸찬 도회에서 부드럽게 나아가는 내 모습에
미친 듯 환호하고 고함치는 햇빛 속의 나비
나비로 변신하는 순간 물을 차고 올라
나의 전존재는 날고 또 나는 거야

행복의 징후
—석모도에서

나신으로 부푼 갯벌, 생명을 잉태하고 양수를 퍼내는 멀고 긴 신음소리 해감내로 늘 뒤척이는 것이다

다섯 매 물때를 게워낸 저녁나절 들불의 화근내가 등줄기를 타고 석포리 들판을 우렁우렁 태우는 것이다

달의 여신 세레네가 황금사발배의 헬리오스를 향해 눈멀도록 저어오는 저 울렁거림이 노을의 벌판으로 잠겨드는 것이다

바다 깊은 곳의 어둠과 적막이 밤별을 만나고 갯바위를 부르고 불꽃을 피우고 숨을 쉬고 빛을 머금고 바람을 일으키는 것이다

기러기 떼 까맣게 비상하는 겨울 하늘 첫 새벽 찬 기운은 배경으로 흔들리고 빈 논의 전깃줄이 쩡쩡 울어대는 것이다

일몰

바다 바깥에는 불덩어리 해가 눈이 맑은 거인처럼
조용히, 그러나 거침없이 떠나간다
깃털 구름이 변덕을 잴 수 없는 서쪽 하늘로 옮겨 가자
고요 속의 한 지점이 물속에 가라앉는다
쓰라렸던 고뇌와 방황의 순간을
무엇이 저토록 눈부신 청동 빛 절정으로 이끄는지
날마다 해는 뜨고 지지만
잔잔한 물자국이 한 불 깔아놓은 개펄 위로
벌거벗은 바다는 다시 들어서고
바위산에 올라앉은 바람은
바튼 숨을 산 아래로 날려 보낼 것이다
저벅저벅 걸어오는 저편의 빛과 어둠의 신들은
불멸의 허공을 후려치듯
세상의 각진 방 뚜껑을 닫고 있다

사바아사나

생명이 떠나면 육신은 고요해지는 법
걷잡을 수 없이 탱탱한 오욕의 탱크를 내려두고
배설과 토식의 힘이 고조되는 주검의 제례의식
몸이 땅속에 묻혔어
모든 힘을 빼고 다리도 벌리고 팔도 벌리고
지층 저 아래까지 마음이 따라가며
한 모금의 숨도 내려놓는 거야
오직 코끝만 내놓은 듯
안으로 향하는 호흡의 구심력으로
조용히 느리게 자정작용을 하는 거지
흙 속에 파묻힌 송장 자세
온전한 휴식에 드는 실체의 모습으로
관록 있는 탁기와 심장의 요동과
고여 있는 생각들이 만만찮게 저항하는
시커멓게 썩은 늪을 토해내는 거야

● 해설 ●

하늘과 바다를 다하여 사람의 마음을 불러보는 일

주병율(시인)

"내 앞의 당신들은/어제의 흔적을 지우기 위해 너무나도 집요하다//…/그 경계를 어떻게 이어 놓았는지…"로 시작되는 배경숙의 시는 과거와 현재, 잊혀진 것과 사라진 것, 존재와 비존재의 본질에 대한 탐구와 사유로부터 시작한다. 또한 그녀의 시는 그녀의 기억에 잔존하고 있는 고향의 이미지와 그 이미지를 상쇄하고 있는 지금 이곳의 삶의 강팍한 현실을 안타까워하면서 시작된다. 지난 일들을 기억한다는 것, 그 기억들에 얽힌 많은 이미지들이 자신의 삶을 더욱 아름답게 각색할 수 있다는 것은 인간만이 가지는 축척에 대한 인식의 결과일 텐데 그 기억들이 그녀에게는 마냥 즐겁고 아름다운 일만이 아닌 것 같아서 안타깝다. 경계經界와 경계境界라는 말의 어감은 다소는 불안하고 그 내용은 관념으로서의 범주와 사물과 사물, 공간과 공간의 사이를 한정짓는 거리로서의 범주를 말함일 것이다. 무엇인가를 구분 짓고 결정짓는다는 것은 이러한 것들에 대한 명확한 자기 인식과 의지가 없이는 불가능하다. 더러는 이 경계성에 대한 구분 짓기가 자기 한계를 자기 스스로 규정 지워버리는 우를 범하는 경우도 없지 않아 있긴 하지만 존재와 존재, 사유와 비사유, 공간과 공간의 대척적 인식과 물음은 결코 만만한 물음이 아니다. 그녀의 시는 바로 이런 어려운 난제에 대한 자문과 고통으로부터 시작하고 있다.

그녀의 시에서는 지나간 시간에 각인된 사건과 사건들이 중층적 구조를 이루고 있는 것을 많이 본다. 이것은 구부러지거나 왜곡된 세상과 불화하고 있는 시인 자신의 내면의 갈등을 이러한 사건들을 통해서 치유하거나 화해를 모색하고자 하는 염원에서 기인한 것이라 볼 수 있다. 가령 "아버지의 지팡이에/검버섯처럼 머물고 있는 옛집"(「옛집」)에서 못난 상처를 보이지 않으려고 슬픔과 분노를 우물에 묻어야 했던 기억들은 구들장 밑 연탄가스처럼 십수 년이 흘렀어도 여전히 시인의 기억에 남아서 상처로 존재하지만 대추나무 몇 잎이 흔들리는 4월 저녁, 옛집과 시인은 화해의 한 순간을 모색한다. 이것은 시인 자신이 지나온 세월의 질량이 그 모든 아픔을 아우를 수 있는 내면의 성숙과도 일치해서 그 옛날 부조리하게 떠돌던 모든 사건의 근원과 미움조차도 삭히려 하기 때문이다. 이토록 상처나 비명을 통하지 않고서는 닿을 수 없었던 유년의 고통에서 시인 자신의 내면을 드러낼 수 있는 방법이 없었으므로 드디어 시인은 "항아리 속에서 곰팡내를 키워서"(「항아리」) 비로소 세상과 조우하는 방법을 터득한다. 이와 같이 시인이 세상과 화해를 모색하기까지 걸어 왔던 길은 “완곡하게 굽어지고/또 구부러져/모롱이를 넘어가는 그 무엇도/기다릴 수 있었”던 시간이었으며 꿈을 잃지 않고 오래도록 간직했기 때문에 가능했던 길이다. “저 산 너머와 이곳의 나와/어떤 퇴적의 시간과 무덤들이/어떻게 삶과 죽음의 별자리를 바꾸는지”(「인성문 가는 길」)알았기 때문이기도 하고, “이승과 저승이 이웃인 것도/그때 이미 덧없이 질 꽃잎의 속울음으로 피어있던 걸/꽃은 다시 광기의 숨결로 온 산을 태우고/알 수 없는 이 노릇의 허망이란/이렇게 피 솟는 일/바람 한 점 흘리지 않는 사월”(「사월」)에 다 알아 버렸기 때문이기도 하다. 그녀가 바라보는 과거와 현재의 이 두 공간에 흐르는 긴장 관계를 그녀는 경계라고 인식하기도 하고 무시간성으로 인식하기도 한다.

허접한 세속에서 찾아야 할 것 잊은 채
쏘다니던 그곳에서 비로소 알아낸 것이
저들이 꾸미는 눈부신 배후
김장거리 뽑고 난 저 경사진 풀밭이었다는
내가 믿어왔던 피안인 줄을 저들은 안중에도 없다
웅크린 햇살에도 귓불이 익어가던 그 겨울 휘파람 소리
산허리에 숨어 혼을 빼앗긴 듯 바라보는 지금
문득 돌아갈 길 두려운 그 고갯길도 보인다
역광의 은빛 오후
밤길의 점박이별 같은 풀잎마다 까만 눈동자

틈만 나면 달려가던 푸르디푸른,

빛 속의 푸른 것들

–「흑염소」 전문

"허접한 세속에서 찾아야 할 것 잊은 채/쏘다니던 그곳에서 비로소 알아낸 것이/…/김장거리 뽑고 난 저 경사진 풀밭이었다는" 것을 알 수 있는 것은 인생의 오랜 여정을 돌아와서 그 모든 갈등의 부질없음을 관조할 수 있는 입장에서 씌어졌다는 것에 있으며 그것은 인생이란 큰 줄기의 강을 헤쳐서 지나온 사람들만이 노래할 수 있는 부분이기도 하다. 우리가 시를 쓴다는 것은 살아간다는 모든 것들에 대한 관심과 애정이기도 하고 성찰이기도 하다. 신이 우리에게 이 세상에 존재하게 하는 이유 중 하나가 실존의 문제 안에만 있지 않고 "목자의 본질적 가난"이다라고 인간의 존재의의를 규정짓고 있는 하이데거의 말은 의미가 크다. "우물가 풀섶으로 풋감 떨어지던 소리까지/…/화사한 봄날, 봄바람이 아니면/아무도 가르쳐 주지 못할 암호"(「열일곱」)같은 것으로 삶은 버겁고, 흙탕물을 쉼 없이 파헤치며 광포한 물바람을 일으키는 그 무엇이었다. 두려움과 추위를 마냥 견딜 수밖에 없었던 나로부터 아무것도 간절할 것 없이 땅바닥을 내려다보며 발목이 욱신거리도록 걷기만 했던 그 암담한 공간의 강한 인식 없이는 관조하고 바라볼 수 없는 성찰이다. 이것은 그렇게 살고 싶었다는 시인 자신의 꿈의 간절한 바람임과 동시에 살아보니 그것이 그렇게 되어야 "마땅하다"라고 하는 그녀의 세계관이 짙게 깔려있는 인식인 것이다.

그래서 그녀는 틈만 나면 달려가던 푸르디 푸른, 빛 속의 푸른 것들과 더불어 "이 세상에서 가장 큰 학교"인 "고뇌와 방황이 무언의 빛을 이루며/기억의 알갱이들을 별로 띄울 수 있는"(「은행나무」) 곳이 이 세상에 존재하는 가장 큰 학교라고 말할 수 있는 것이다. 그녀가 유년의 기억에서 가졌던 암울하고 슬펐던 희미한 흔적을 짚으며 오 그랬구나 알 듯도 하다라고 말할 수 있는 이 세상도 그녀가 살아온 삶의 전반적 여정이 그녀로 하여금 필연적으로 그렇게 노래할 수밖에 없는 어두움과 결부되어 있다는 것도 주목할 필요가 있다

내 인생에 더 이상 흥미로운 것이라곤 없다
나는 이미 오래전에
병든 이파리 같은 지상의 남루
너절한 허물 따위 날려버린 지 오래다
떠돌던 바람이 귀를 빠끔히 열고 가끔씩
냉기를 내 안으로 끌고 들어왔으나
이내 허옇게 질려서 돌아나간다
반쯤 덮인 시멘트 뚜껑엔 오래된 이끼와 흙먼지가
꺼멓게 썩기도 하고 더러는 한 세상 표백할
파란 새움으로 돋아 생기를 뿜어내기도 한다
나는 잊혀진 왕족처럼
적막한 고독과 삶의 녹 쓴 품위를 기억하지만
무채색의 따뜻함이 만월처럼 차오르고
스미는 것들의 저 아름다운 불시착을 본다

반대편으로 멀리까지 뚫고나간 웅덩이는
시냇물을 자꾸만 제 목숨 안으로 끌어들일 것이다
하늘이 깜깜한 우물 한쪽을 비집고
자신의 몸 어딘가에서 손발을 끄집어내고는
절벽 같은 삶의 안쪽을 망연히 들여다보고 있으리라
허방을 부여잡은
깜깜한 몸통 속에 해를 넘긴 울음 한 자락이
늙은 개처럼 헐떡거리며 서쪽 하늘로 사라져간다

—「오래된 우물이 있는 풍경」 전문

기억과 기억, 공간과 공간으로부터 화해와 접점을 모색하던 시인으로 하여금 병든 이파리 같은 지상의 남루와 잊혀진 왕족처럼 적막한 고독과 삶의 녹 쓴 품위를 기억하지만 내 인생에 더 이상 흥미로운 것은 없다라고 단정적으로 말하면서까지 끊임없이 존재성에 대한 회의를 품게 하는 근원적 이유는 무엇일까. 그것은 하늘이 깜깜한 우물 한쪽을 비집고 자신의 몸 어딘가에서 손발을 자꾸만 끄집어내고는 절벽 같은 삶의 안쪽을 망연히 들여다보고 있는 타자화된 자신을 자신의 시선으로 객관화할 수 있는 사유의 힘에서 비롯되는 근원적 회의일 것이다. 인간의 본질로서의 인성은 존재를 존재자처럼 실체화하는 그런 분별적인 사유를 지움으로써 근원적인 존재의 본성의 부름에 귀의할 수 있다는 금강경의 말처럼 무채색의 따뜻함이 만월처럼 차오르고 이끼와 흙먼지가 꺼멓게 썩기도 하고 더러는 한세상 표백되어질 시멘트의 무생명성에까지 파랗게 스미는 것들의 저 아름다운 모습을 보고자 하는 시인 자신의 제의적 욕망의 또 다른 표현일 것이다. 철없을 때를 생각하며 "휘적휘적 날아서 찾아가는 나의 시선"일 수도 있고 "집요하게 발목"(「동해남부선」)을 잡던 아픈 기억으로부터 벗어나서 새롭게 태어나고자 하는 욕망이기도 하다. 내 안에 무수히 쟁여진 상처를 끄집어내는 행위를 거치지 않고는 인생을 관조할 수 있는 한 치의 공간도 없음을 시인 스스로가 깨달았기 때문이기도 하다. 상처와 더불어 시인이 인식하는 유년의 기억에는 아버지의 어두운 존재와 가족들, 그리고 그곳을 배경으로 삶의 한 부분을 같이 했던 포로 아저씨, 삐걱이는 교실 마루를 핏물로 찍으며 나비로 하얗게 날아 나비의 영혼으로 날고 있는 눈이 시린 선생님, 무자, 무자 어머니와 "두꺼운 구들장마다/대못으로 살아나는 스무 살의 외삼촌/깜깜한 무덤의 가슴팍을 헤치는/상사화 꽃무리는 지금도 떨고"(「유산」)있지만 어두운 인물들에 대한 기억도 함께 연상함으로 해서 상처를 치유하고자 하는 포괄적 인식은 인간이 본질로서의 인성의 존재를 존재자처럼 실체화하는 그런 분별적인 사유체계에 대한 반동일 수도 있다.

웅크린 몸 폈다 오므렸다 하며
그러나 지나치게 슬픈 걸 견디며
여기까지 왔다고는 말하지 말자
대책 없는 욕구가 거대한 허상을 만들 때
바람의 정거장은 꿈속에서도 허기가 졌으리라
폭발 직전의 전류가 늑골을 태우며

절망에 끌려가는 옹색함이란
그가 알고 네가 알고
세속적인 비밀을 아는 사람은 다 알고 있다
느닷없이 찾아온 지독한 몸살의 정체를
열에 떨며 맞이하기엔 휘어진 추억
그 속에 얼마나 많은 소음이 동행했던가
복병처럼 어둔 사막을 건너려는 이 시각에도
협잡꾼과 노숙자가 무던히 상처를 안고 버티듯
생의 은신처를 향한 한 닢 위안이
지친 육신을 외면하지 않을 것인지
어딘가에 있다고 믿어왔던 피안의 배후
저 눈부신 음모 같은 건 안중에도 없다
분침이 바튼 혀를 날름거리는 지하 동대문역
허접한 세속을 잡도리하듯 마지막 전동차는 떠나고 있다

—「지하철 1호선」 전문

웅크린 몸을 애벌레처럼 오므렸다 폈다를 반복하면서 지나치게 큰 슬픔도 견디며 어딘가에 있다고 믿어 왔던 피안의 배후가 음모 같은 것일 수 있다는 자각에 이른 그녀의 인식은 그동안 그녀의 내면을 움켜잡고 괴롭히던 존재에 대한 혹은 유년의 상처들에 대한 고통의 시간들이 소음이었다고 말한다. "저기, 누군가 결박을 풀고 자신에게로 돌아가고 있다"(「용의 알」)에서 보는 것과 같이 이제 시인의 시선은 "돌아보면 아무도 없는 혼자만의 방/…/나날이 완강해지는 외로움"과 "가진 것 모두 헛것이 되어 떠도는" 것들과 "그리움은 그리움대로 슬픔은 슬픔대로"(「소 울음」) 간직했던 상처와 슬픔의 유년적 공간으로부터 벗어난다. 그리하여 그녀는 비로소 대책 없는 욕구가 거대한 허상을 만드는 도시적 삶의 공간인 현재를 직시한다. 이것은 한 개인이 가진 상처를 보편적 상처로 치환해서 많은 사람들과 그 자신의 상처를 공유함으로서 완성되는 집단의 긍정적 측면이다. 그녀에게는 하나의 경계에서 또 다른 경계의 세계로 진입하는 모험이었으리라. 그러나 그녀는 곧 "초고층 빌딩과 vvip마케팅과/첨단매체가 동원되는"(「강남이 던져오는 것」) 물화된 도시의 거대한 욕망의 구조에 자신의 존재에 대한 회복을 가늠해보기도 전에 잠식된다. 그리하여 그녀는 일확천금을 거머쥔 가학의 도시에서 끝없이 도망치고자 한다. 어딘가에 있다고 믿어 왔던 피안의 배후가 눈부신 음모였음을 알아버린 순간 '부산' 소리만 들어도 울렁증이 도지고 또 다시 타락해 가는 자신을 용서하는 길을 모색하지만 그것 또한 쉬운 일이 아니다. "연산홍 꽃밭에 앉아 연산홍을 쓰다듬다가/오소소 몸이 떨리면/그 끝에서 부력을 떼고 출발선에 서보자/버티고 또 버팅기다가 지평선 끝 그 끝까지 달려보자/모닥불 가에서처럼/이 지상의 모든 아름다운 것들을 붕붕 띄워보자"(「화장실, 그 풍경에 동참하다」)라고 말한다. 그녀는 왜 하필 고층 건물의 옥상이나 광장을 말하지 않고 박수치며 일어서서 힘찬 열매가 까무러치도록 좁고 더러운 화장실 장식벽걸이에 붙은 꽃을 보면서 억압된 도시의 공간으로부터 벗어나고자 꿈을 꾸는 것일까. 그녀의 이러한 심리의 기저에는 자신의 정신과 육체가 물성에

타락되었다는 심한 자괴와 회의를 배설이라는 행위를 통해서 해소하고자 하는 쾌락의 심리적 동인과 아울러 도시가 갖고 있는 욕망의 메커니즘에 대한 공격성을 드러내는 행위일 수도 있다. 그러기에 그녀는 "온갖 핑계꺼리로 사람을 깔아뭉개거나/쉰 막걸리처럼 슬쩍 쏟아버리기엔/바다만 한 곳"이 없다고 역설적으로 말하고 있는 것이며 도시의 부패한 공간을 도망쳐서 닿는 바다의 진정한 모습은 "장소가 아니라 시간이"(「배비장」)라고 말하고 있는 것이다. 인간에게 주어진 운명은 그 자신의 완성을 위한 열망이 아무리 강하다고 하더라도 현대도시의 욕망의 메카니즘에는 항상 좌절할 수밖에 없다는 다분히 회의적인 인식과 더불어 얼음에 싸여 얼음을 넓혀가듯이 때가 되면 녹아내려 흔적 없는 공허만이 남을 뿐이라는 그녀의 독백은 슬프다. 가끔 프라이드치킨을 질겅거리며 씹다가 허접한 세속을 잡도리하듯 마지막 전동차가 떠나는 것을 바라보는 시인의 시선은 세상에 대한 조롱이며 공격이지만 허무하기 그지없다.

한편 세상 어디에서도 불화할 수밖에 없이 그녀의 내면 의식에 도사리고 있는 상처의 흔적들은 아직도 그녀의 어머니가 겪었던 세사에 대한 인고의 긴 시간에 견준다면 겁의 생을 반복하더라도 가서 닿을 수조차 없다고 말하며 괴로워한다. 그녀 어머니의 삶은 장대산 개꽃의 불타는 목숨처럼 매운 손끝에 맺힌 한 생의 물소리였다. 이러한 모성애의 실체적 파악은 그녀가 궁극적으로 가서 닿고자 하는 세계가 어머니였다는 것을 말한다.

어머니 숯불 다리미
느닷없이 짜디짠 눈물바람 보태어도
장대산 개꽃의 불타는 목숨처럼
그 꽃불 여전히 일렁이고
어떻게 몸부림쳐도 후련해지지 않는 것이
무엇을 바라 그 많은 사무친 것들
늑골을 눌러오는 내 안에서
잔기침 우르르 쏟아놓듯 동행하는 것인지
어머니 매운 손끝에 맺힌 한 생의 물소리
시간이 흐르고 흘러 여리고 잠잠해지면
아무 일도 아닌 듯
슬픔도 바다가 된다는 뜻인지도 모른다
그 바다 아직 멀다

—「어머니의 바다」 전문

그녀가 바라본 슬픈 어머니의 삶도 또한 그녀에게는 장대산 개꽃의 불타는 목숨처럼 무엇을 바라 그 많은 사무친 것들이 늑골을 눌러오는 내 안에서 잔기침 우르르 쏟아놓듯 동행하는 안타까움이고 그리움이다. 그녀의 아픔과 안타까움은 더 나아가 그녀의 어머니가 걸었던 그 길을 그녀가 또한 걷고 지나와서 세월의 더께를 들출 때마다 멀리 전경으로서의 어머니가 그녀의 눈에 자꾸만 회한과 연민으로 바라다 보인다는 점이다. 그러나 아직도 그녀는 그녀의 어머니가 살았던 장고와 눈물의 세월을 다 알지 못하고 시간이 흐르고 흘러 여리고 잠잠해지면 아무 일도 아닌 듯 슬픔도 바다가 된다는 뜻인가 되묻고 싶어 하면서 그 바다의 심연을 마음으로만 측량해볼 뿐이다. 이렇듯 배경숙에게 어머니는 그녀가 인식하는 이 세상의 본질적 존재의 근원으로부터 그의 사유가 흔들릴 때마다 그녀를 지탱하고 붙잡아 주는 근원적 힘이며 안식처다. 세상에서 지치고 상처를 받거나 특별한 날마다 어머니는 그녀에게 등불이고 위안이다. "어머니는 마당에서 불을 놓고/솟구치는 불씨들 공중에서 탁탁 터지는 소리/그 소리 따라 하늘 가득 채워지는 당신"이고 "보름달을 올려다보는 순간" 이미 고인이 되어 "솔밭산에 묻힌 어머니"는 "더 많은 불꽃을 향해 일어서"(「추석에는 어머니 솟구친다」)는 희망이자 성소로서의 어머니다. 이러한 근원으로서의 어머니가 그녀가 세파에 지쳐서 돌아오거나 흐느낄 때마다 그녀의 몸속에서도 닮은꼴로 어머니 냄새가 묻어난다. 눈을 감아도 그녀의 몸속으로 돌아오는 어머니는 잠잠하게 잠기는 핏빛 울먹임 같이 피었다 흐르는 붉은 꽃들을 자꾸만 보내는 구원의 존재다.

'니 손 내 손 맛있네 해도 양념 맛이지'
갈치 고등어조림 추어탕까지
부글부글 끓는 냄비뚜껑을 열고
방앗잎을 올려놓던 어머니

'친정 시집이 대니까 시집살이도 대더라
너거들은 친정 시집 안 살릴란다 기대로 커거라'

입안이 아려오는 그 서슬, 물 묻은 손맛은
밀려드는 바닷물처럼 아직도 짜고 비리다

어떤 회전의 시작으로 젊음의 마당귀를 건너던
무서리의 시퍼런 밤들까지
묵은 신문지에 번지는 잉크방울처럼
두런두런 다가오는 저 먼 향내

—「방아꽃」 전문

어떤 회전의 시작으로 젊음의 마당귀를 건너던 무서리의 밤들까지 묵은 잉크방울처럼 두런두런 다가오는 저 먼 향내를 생각하며 어두운 밤, 혼자 있을 때나, 적적한 봄날 오후 꽃피는 창가에 앉아서 "어머니!"라고 가만히 불러보는 그 말에 눈시울이 젖지 않을 사람이 몇이나 되겠는가. 사람이 사람으로서의 모습을 가장 사람답게 유지할 수 있는 순간은 자신의 내면을 열어 놓고 더불어 신에게 기도할 때의 시간과 어머니와 말없이 마주 앉아서 자식의 등이나 아픔을 토닥거려주실 때의 그 평화로운 어머니의 모습이다. 비록 그 어머니가 고단하고 지친 일상의 생활로 인해서 해지고 거칠어진 손마디를 갖고 계시다고 하더라도 그 손끝의 부드러움은 비단금침에 비유되겠는가. 세상의 모든 어머니들의 존재 의의가 그렇듯 자식의 복된 앞날을 기원하는 어머니의 마음은 여느 어머니인들 달랐겠는가. "친정 시집이 대니까 시집살이도 대더라 너그들은 친정 시집 안 살린란다 기대로 커거라"라고 기원하는 어머니의 그 마음은 이 세상의 모든 자식들이 한평생 무릎으로 기어서 보은을 다 한다고 해도 일생에 다 갚아드리지 못할 마음이고 큰사랑이다. 그 마음과 큰사랑에 대한 시인의 기억은 손끝에 물이 마를 사이도 없이 고생으로 한 생을 살다 가신 어머니에 대한 애틋한 그리움이다. 그런 어머니를 시인은 이제 다시 그때 그 어머니가 살았던 나이로 마주 앉아서 그립고 또 사무치는 것이다. 이토록 한 개인의 부박한 삶의 과정에서 어머니라는 이름으로 치유되고 회복되는 것들로 인해서 다시 한 번 삶에 대한 애착도 가져보는 일들이 비단 배경숙에게 뿐이겠는가.

여름 밤 어느 별이 세상으로 내려와
하늘과 바다를 다하여
사람의 마음을 불러보는 일
새벽닭이 울기 전에
아무 집 헛간이나 짙은 풀 숲 무덤가에서라도
그 속 모두 끄집어내어 잠시잠깐 닥치는 대로
한밤의 후끈한 그 몸을 뒤집어 보고 싶은 것이다
저들끼리 본심을 드러내보고 싶은 것이다

–「도깨비불」 전문

대평동 시절과 영도바다, 그리고 영도다리를 배경으로 거친 아버지와 할머니, 어머니로 이어지면서 한 생의 조락을 같이 했던 옛집에서의 기억은 캄캄하고 고통이었던 시인에게 십 년 전이나 일 년 전이나 변함없이 바라보는 달의 풍경은 이승과 저승의 중간쯤에서 존재하는 어머니였다. 시인의 기억을 더듬어서 기억이란 어느 한 군데 아프지 않고 상처가 되지 않은 곳이 없지만 유독 위의 시 「도깨비불」이 아름다운 것은 그런 어머니의 구원적 힘에 기대어 시인 자신이 건강한 모성성과 여성성을 유감없이 회복하여 세상과 건강하게 조우하고 있기 때문이다. 한 편의 시에서 이토록 아름다운 묘사와 구체성을 획득하고 있다는 것은 시인 자신에게는 물론 이 시를 읽게 되는 독자에게도 분명 축복이다. 이 시를 정점으로 몇몇 시어들에선 "젊디젊은 가슴으로/한바탕 생의 바닥을 쿵쿵거리며 지나"(「늦가을」)와 보기도 하고 "고래들이 물결을 힘차게 밀어 붙이는 바다"도 보고 "저마다 다른 전설을 노래"하는 그 장엄한 바다의 소리도 경청하면서 누군가에게 "지리산 운무가 고래 등을 어루만지며 읽다가 간/경전 한 구절"(「지리산」)도 동봉할 수 있다는 기대에도 들떠도 보면서 "낱알의 모래로 떨어져 밟히며/모였다 흩어졌다 하는 다양한 얼굴, 그 속에서/무명의 인파로 명명되는/모든 길의 허공을 지켜볼 일이다/제 각각의 부정과 긍정으로 뒤엉기며/가까워질 수는 있지만 같아질 수는 없는/더 이상 작아질 수도 없는/낯선 존재의 모호함을 공유해 볼 일이다"(「영등포역에서는」)라고 노래하기도 한다. 이것은 배경숙 시인이 가지는 건강한 의식의 한 축이 그녀가 가서 닿고자하는 세계와 일치하면서 또 다른 차원으로의 의식의 확장이다. 이 모든 건강성의 노래 이면에는 어머니로부터 회복된 존재의 근원으로부터 고통의 경계를 지나온 사람만이 갖는 희열의 노래가 아니겠는가. 그리하여 그녀는 그녀의 유년을 잠식했던 컴컴한 기억의 경계로부터 첫 사랑의 아련하고 희미한 기억까지도 건강하게 회상해낼 수 있는 힘의 원천을 마침내 회복한 것이다.

이제나 그제나 어깨춤의 한량기 잠시 접고 나면
험한 상처 무던히도 눈앞에서 길을 지우고
평생 퍼가도 없애지 못하는 해운대 물결
그 물길 얼마를 저어가다 보면
구릿빛 종아리를 쿡쿡 찔러대던 푸르른 광채
금정산을 솟구치던 숨찬 발걸음과
벚꽃들의 꽃비와
끊임없이 바다를 끌어오던 울렁증의 기적소리
어김없이 거기서 기다리는 너를 만난다
슬쩍 샛길로 빠져보고 싶던
철없을 때 저질렀던 빛나는 영혼들로 하여
휘적휘적 날아서 찾아가는 나의 시선은
가볍게 몸을 뒤척일 것이니
이제 첫 사랑의 상처도 꽃으로 피어나고
멀리 달아날수록
집요하게 발목을 적시는 운명의 고향
네게로 향하곤 한다

–「동해남부선」 전문

"들판의 물결과 물결 사이"에서 "저 건너편 저수지의 격렬한 삶이 지나간 골반"까지 무엇으로 명명하여 이름붙일 수 없는

"그 수심보다 수백 배 깊이 출렁이는/그 무엇이 있"다는 것, "온갖 배경을 포식한/저토록 느슨한 주름의 꿈틀거림 사이에/하늘도 구름도/아득히 흘러온 무심 사이에/측정할 수 없는 어지러움 사이에/무언가를 산란하고 있다"라고 노래되어지는 것, "빛인 듯도 하고/소리인 듯도 한/그 끝에서 암호를 풀고 있는/나를 쳐다보고/내 눈동자를 꿰뚫고 들어오는 투사와 굴절 사이에/발화하는 무엇"(「허수아비」)이 있다라고 관찰되어진다는 것은 이제 시인의 의식이 더 이상 유년의 암울한 기억에 매몰되지 않고 집요하게 발목을 적시며 운명의 고향으로 나를 자꾸만 이끄는 첫 사랑의 아름다움을 반추할 수 있는 건강을 회복했다는 증표가 된다.

사람이 세월과 더불어 고단한 한 세상을 살고 버틴다는 것은 이토록 새롭게 기억으로 되살아나는 그리움의 한쪽이 영 무너지지 않고 버텨주기 때문인지도 모른다. 별반 중요하지 않아서, 혹은 인상적으로 기억에 남지 않아서, 기억하지 못할 뿐이지 사람이 살면서 어긋난 인연들이 어디 한, 둘뿐이겠는가. 이제 그녀에게는 "자기 자신이 무거워서 뜨지 못할 세상이란 없다"라고 말할 수 있을 만큼 그녀의 의식은 건강하다. 반생의 긴 시간 동안 그녀를 억누르고 그녀의 내면에 어둡게 자리했던 많은 사건들과 더불어 자신을 무겁게 내리누르는 중력이나 슬픔들도 모두 물밑으로 미끄러져 없어져야 한다고 말하는 그녀의 몸과 정신은 물 위에서 유연하게 곡선을 그리며 유영하는 어둠으로부터 벗어난 몸이며, 퇴화했던 자신의 날개를 다시 자신에게 달아서 자신을 스스로 용서할 수 있는 건강한 정신이 되었다. 미친 듯 환호하고 고함치며 도시의 햇빛 속을 부드럽게 날 수 있는 나비가 된 몸이며 정신이다. 한 편의 시가 시로서 위의를 획득하여 완성이 되어지기까지 시인의 내면에서 자라는 시적 세계에 대한 갈등과 열정은 치열하다. 튼튼한 구조와 정제된 감정의 표현들이 치열하게 조직화되면 될수록 시가 갖는 울림의 깊이는 크고 넓다. 배경숙 시인이 노래하는 많은 시편들 중에서 몇몇 편의 시에서 강하게 우리들의 감정을 자극하여 공감을 유발하는 이유는 바로 이러한 치열한 시적 긴장감 때문이다. 이와 같이 배경숙 시인이 도모하는 시적 세계가 그 동안 그녀를 지배했던 어둠으로부터 경계 허물기의 시도였다면 감정의 절제와 무분별한 시어의 남용은 차치하고라도 위의 몇몇 편의 시들과 함께 앞으로의 시작을 기대해도 좋을 듯하다. 서두에서도 말한 것처럼 경계經界와 경계境界라는 말의 어감은 다소는 불안하고 그 내용은 관념으로서의 범주와 존재와 존재, 공간과 공간의 사이를 한정짓는 거리로서의 범주를 말함일 것이다. 무엇인가를 구분 짓고 결정짓는다는 것은 이러한 것들에 대한 명확한 자기 인식과 의지가 없이는 불가능하다. 더러는 이 경계성에 대한 구분 짓기가 자기 한계를 자기 스스로 규정지워버리는 우를 범하는 경우도 없지 않아 있긴 하지만 존재와 존재, 사유와 비사유, 공간과 공간의 대척적 인식과 물음은 결코 만만한 물음이 아니다. 그녀의 시는 바로 이런 어려운 난제에 대한 자문과 고통으로부터 시작했다가 이제는 그 난제의 범주를 건너가려고 한다. 한 사람의 생애에 있어서 인생의 전 에너지를 소진하다시피 하여 밀고 온 의지와 힘은 위대하다. 그

것이 세상살이의 잡다한 가치와 동떨어져 관심의 대상에서 멀리 제외되어 있었다고 하더라도 자기 세계에 대한 가치를 스스로 부여하면서 힘겹게 걸어 온 사람들의 면면은 눈물겹고 또한 위대하다. 그래서 세상은 또 한 번 이런 아름다운 사람들의 반란을 기대하면서 살아볼 만한 가치와 희망이 존재하지 않겠는가.

봄이다. 겨우내 한 철의 먼지를 탈탈 털고 앉아서 낭창거리며 풀어지는 나뭇가지를 보고만 있어도 가슴이 두근거리는 봄이다. 이런 봄날에는 "산 너머 남촌에는/누가 살길래…//남에서 올〈임〉"이나 흥~흥거리며 기다려 볼만도 한 날인데, 느닷없이, 어쩌자고, 왜, 무엇 때문에, 하필 내게 그녀는 이런 어려운 시들을 밀어서 오는 봄의 기대를 져버리게 하는지, 봄바람에 낭창거리며 풀어지는 나뭇가지나 보면서 녹슨 기찻길처럼 가끔씩 끽끽거리다가 멈추기도 하는 머리통이나 부여잡고 패티김이나 조용필의 흘러간 이별의 노래나 찔찔거리며 따라 불러보다가 시인에게 시집을 내기까지 "고생하셨다"라는 말을 아울러 덧붙이며 하~이 좋은 봄날을 보내야 할 것 같다.